AF349754

LE SACRIFICE

INDIEN,

PANTOMIME EN TROIS ACTES,

Par M. HENRY;

REPRÉSENTÉE

SUR LE THÉATRE DE LA PORTE SAINT-MARTIN,

Le 9 Juillet 1822.

PRIX : 5o CENTIMES.

A PARIS,

Chez QUOY, LIBRAIRE, BOULEVARD SAINT-MARTIN,

N°. 18.

1822.

<table>
<tr><td>

PERSONNAGES.

</td><td>

ACTEURS.

</td></tr>
<tr><td>Le Radjah.</td><td>M. *Defresne.*</td></tr>
<tr><td>Lanassa , son épouse.</td><td>Mme. *Henry-Quériau.*</td></tr>
<tr><td>Leurs enfans.</td><td>Mlles. *Armantine et Félicité.*</td></tr>
<tr><td>Alphonse d'Albuquerque,
général Portugais.</td><td>M. *Télémaque.*</td></tr>
<tr><td>Le grand Bramine.</td><td>M. *Livaros.*</td></tr>
<tr><td>Un Officier du Radjah.</td><td>M. *Vissot.*</td></tr>
<tr><td>Bramines.</td><td></td></tr>
<tr><td>Indiens.</td><td></td></tr>
<tr><td>Faquirs.</td><td></td></tr>
</table>

DANSE.

PREMIER ACTE.

Pas de six.

M^{rs}. Alexis, Rousset ; Mmes. Pierson, Manette-Alexis , Florentine , Louise Pierson.

ACTE II.

Introduction ou marche dansante, exécutée par les premiers sujets et tout le corps de ballet.

Pas de neuf.

M^{rs}. Télémaque, Alexis, Rousset ; Mmes. Pierson, Florentine , Manette-Alexis , Nanine-Nara , Louise Pierson , Virginie , Thompson.

Pas de trois de caractère.

M. Henry ; Mmes. Bégrand, Florentine.

(La scène se passe dans l'Inde).

LE SACRIFICE

INDIEN,

PANTOMIME EN TROIS ACTES.

ACTE PREMIER.

(Le théâtre représente une campagne de l'Inde ; au milieu, la statue du Soleil. Dans le fond, une ville baignée par la mer).

Les Indiens célèbrent la fête du Pougoul, ou le retour de la Lumière (1) ; le canon se fait entendre ; on vient annoncer au Radjah que les Européens s'avancent les armes à la main ; les Indiens volent au combat et sont mis en fuite.

(Appartement du Radjah).

Lanassa et ses compagnes arrivent éper-

-----

(1) L'une des plus grandes fêtes de l'Inde, que ses habitans célèbrent le premier jour du deuxième mois de leur année, lequel répond à celui de janvier.

dues; Lanassa, qui d'un portique aperçoit le combat, voit son époux tomber au milieu de la mêlée.

Croyant le Radjah perdu, et ne voulant pas lui survivre ni devenir la proie du vainqueur, elle engage ses femmes à se donner la mort, et veut aussi périr avec ses fils; mais le Radjah paraît; il ne fut que renversé, et n'a reçu aucune blessure; il vient mourir en défendant sa famille; des Européens le suivent; il va succomber sous le nombre, lorsque d'Albuquerque arrive, arrête le soldat prêt à le frapper, et fait suspendre le carnage.

ACTE II.

(Palais du Radjah. Sur le trône on remarque une palme, symbole de la paix).

Un Indien, en voyant la palme placée sur le trône, paraît affligé de la paix que le Radjah va contracter avec les Européens, et forme le projet de donner la mort au chef des Portugais.

Un cortége d'Européens et d'Indiens s'avance en pompeuse cérémonie. D'Albuquerque et le

Radjah sont placés sur un riche palanquin. L'amitié la plus sincère semble régner entre eux. La paix est jurée en présence du peuple Indien et des Portugais de la suite d'Albuquerque.

(Fête en l'honneur du traité).

La fête est bientôt troublée. L'Indien, affligé du traité de paix qu'on vient de conclure avec les Européens, veut poignarder d'Albuquerque ; un Portugais le prévient, lui porte l'épée au sein et préserve son général ; on s'arme, la paix est rompue, un combat s'engage, la mêlée s'éloigne. Lanassa, saisie de terreur, tombe sur les marches du trône, et d'Albuquerque triomphe encore ; les Indiens viennent implorer sa clémence et lui livrer celui qui a rompu la paix. Le Radjah, blessé mortellement, vient expirer dans les bras de son épouse, qu'il recommande à d'Albuquerque. Celui-ci, certain qu'il est innocent et n'a point de part à la trahison de l'Indien, lui promet de protéger Lanassa, ainsi que ses enfans.

(Consternation générale).

ACTE III.

(Le palais du Radjah).

Regrets de la veuve.......; arrivée de Bramines ; ils portent les livres de la loi , et viennent chercher Lanassa pour la conduire au
bûcher de son époux.

Lanassa , douée d'un courage mâle , se dis-
pose à les suivre , lorsque d'Albuquerque s'y
oppose et veut la sauver. Les Bramines , of-
fensés de le voir attenter à leurs lois , veulent
qu'à l'instant même Lanassa marche au sup-
plice. D'Albuquerque les ferait repentir de
s'opposer à ses volontés , s'il n'était retenu par
la veuve , qui veut absolument suivre son
époux dans la tombe ; cependant il ordonne
au grand Bramine de suspendre le sacrifice, et
le menace d'employer la force des armes , s'il
ose lui désobéir, et s'éloigne. Le grand Bramine , que les menaces d'Albuquerque ne sau-
raient épouvanter, accorde quelques momens
à Lanassa pour se préparer , par la prière , à
passer dans l'autre vie , et à se rendre digne de

la bonté de leurs dieux. Les jeunes filles la pa-
rent de ses ornemens les plus précieux, et la
couronnent de fleurs.

En vain cette infortunée cherche à étouffer
dans son sein les mouvemens de la maternité,
la nature l'emporte, elle demande à voir ses
fils, les presse sur son cœur, et ne peut s'en
détacher ; la vue des Bramines rappelle toute
sa fermeté ; elle leur confie sa famille ; cet
effort aliène sa raison ; soudain elle croit aper-
cevoir l'ombre de son époux, se persuade qu'il
lui reproche son peu de courage, cherche à
s'excuser en lui montrant son fils ; toujours
plus aliénée, il lui semble que l'ombre est in-
flexible ; dans son délire, elle rejette loin
d'elle ses enfans qu'elle a repris, et part pour
apaiser les mânes de son époux.

(Le théâtre change et représente une campagne et le
   bûcher préparé pour le sacrifice ; des Faquirs sont
   placés autour du bûcher, dans différentes attitudes,
   en signe d'expiation.

On voit arriver le cortége, conduisant la
victime au sacrifice ; les Indiens exécutent des
danses barbares, consacrées à ces horribles cé-
rémonies ; elles sont interrompues par l'arrivée
des Européens ; on s'empresse de monter Lanassa sur le bûcher, qu'on embrâse ; déjà le

feu s'y communique avec violence ; mais d'Albuquerque se précipite à travers les flammes,
et parvient à sauver Lanassa, qu'il remet dans
les bras de ses enfans ; les Indiens, dont il fait
épargner la vie, tombent à ses genoux en
signe de reconnaissance.

(Tableau général et fin de la Pantomime).

De l'Imprimerie de Rouzou, rue de Cléry, n°. 9.

9 782329 623337